Bernhard Hagemann

Mit Vollgas in die Kurve

Mit Fotos von Bernhard Hagemann

Ravensburger Buchverlag

Neuausgabe der Originalausgabe als
Ravensburger Taschenbuch
Band 52236 erschienen 2003

Erstmals als Ravensburger
Taschenbuch erschienen 1999 (RTB 52138)

Umschlagfoto: Agentur Mauritius

**Die Schreibweise entspricht den
Regeln der neuen Rechtschreibung.**

5 4 3 2 1 07 06 05 04 03

ISBN 3-473-52236-8

www.ravensburger.de

Für Ida und Jim

Philipp und ich sitzen am Flussufer.
Ich zeichne mit einem Stock Figuren in den Sand.
Kreise, Kurven und Geraden.
Seit wir in der Schule Geometrie haben,
gibt es endlich ein Fach, das mir Spaß macht
und in dem ich gut bin.
Winkelmesser und Zirkel sind Werkzeuge,
die mir die Mathematik
in unerwarteter Leichtigkeit vermitteln.
Kurven, Geraden, Winkel, Kreise
sind mir eine vertraute Welt.
Formen, wie für mich geschaffen.
Das ist ganz komisch
und ich habe
keine Erklärungen dafür.
Eigentlich bin ich ein schlechter Schüler,

der in so ziemlich allen Fächern
seine Schwierigkeiten hat.
„Was machst'n da?“, fragt mich Philipp.
„Zeichnen!“, sage ich.
„Gleichschenkliges Dreieck!“
„Du meine Güte!“
Langsam hebe ich meinen Blick
und sehe Philipp an.
Er sitzt und lehnt an der Buche.
Das nasse Haar nach hinten gestrichen.
Tropfen lösen sich daraus und ziehen
glänzende Streifen über seine Schultern.
Philipp ist mein bester Freund.
Wenn ich ihn nicht hätte – nicht auszudenken!
Das Kaff würde mich umbringen.
Philipp und mich langweilen die gleichen Dinge.
Und wir haben die gleichen Sehnsüchte.
Hinter ihm ist der Fluss,
auf dem die Lichtreflexe tanzen
wie ein Schwarm funkelnder Insekten.
 Hier, vor der Flusskurve,
hinter der das Wehr kommt,
verengt sich der Fluss ein wenig.

Die Strömung ist stärker.
Wir haben das Brett aus dem Wasser genommen.
Es liegt auf dem Steg.
„Beinahe hätte es mich geschmissen“,
sage ich.
„Zu weit in die Kurve gelegt?“
„Ja.“
Fluss-Surfen ist unser Sommersport.
Wasserski auf fließendem Gewässer.
Ein altes Surfbrett schwimmt im Wasser.
Es ist das alte Surfbrett von Philipps Vater.
Durch ein Loch vorne im Brett
ist eine Leine geführt,
mit der das Brett am Steg befestigt ist.

Am gleichen Loch ist eine kürzere Schnur
mit einem Rundholz festgebunden.
Wir stehen auf dem Brett
und halten uns am Rundholz fest.
Durch Gewichtsverlagerungen können wir
Kurven fahren.

Je länger das Seil ist, desto größer die Kurven.
Und desto größer das Risiko.
„Du kannst es nicht lassen“, sagt Philipp.
„Du und deine Kurven.“

„Bisschen was muss man riskieren,
sonst ist es zu langweilig."
Ich bin klitschnass
und mir wird kalt im Schatten.
Ich gehe auf den Steg und lege mich bäuchlings
auf das sonnenwarme Holz.
Unter mir sehe ich langes, grünes Flussgras,
das in der Strömung schwänzelt.
Eine Forelle trotzt mit den gleichen Bewegungen
dem fließenden Wasser
und steht auf der Stelle.
Ich höre das Rauschen des Wehrs,
das Murmeln des Wassers
und in der Ferne einen Mähdrescher.
Ein herannahendes Auto
mischt sich in die Laute.
Die Reifen knirschen über den Kies.
Das Nageln eines alten Dieselmotors
wird kurz lauter, bevor es stirbt.
Ich bleibe liegen und sehe nicht auf.
Mit dem Auto an diese Stelle zum Fluss zu fahren
ist eigentlich verboten.
Einige halten sich nicht an das Verbot.

Zu ihnen gehört mein Bruder Kaspar.
„Der Meister persönlich!“, bemerkt Philipp
und kommt zu mir auf den Steg.
Er setzt sich neben mich.
„Mmhh!“, mache ich.
Schritte kommen näher. Gelächter.
Ich höre das Gackern eines Mädchens.
„Bruderherz. Schau an, schau an“,
höre ich hinter mir Kaspar.
Ich drehe mich um und blinzle in die Sonne.
Im Gegenlicht erkenne ich blass
meinen Bruder Kaspar,
seinen Freund Konrad und ein Mädchen.
Sie ist blond und schön.
Sie trägt abgeschnittene Jeans
und ein hautenges T-Shirt.
Kaspar und Konrad stecken in ihren
viel zu großen Blaumännern, wie immer.
Alte Monteuranzüge, die an ihnen hängen
wie luftleere Ballons.

Kaspar und Konrad sind ein wildes Gespann.
Beide groß, mindestens einsneunzig
und schulterlange Haare.

Sie verbringen ihre meiste Zeit
mit dem Herumfahren
in einem alten Mercedes Diesel,
einem 240 D. Baujahr 1982.
Hundertdreiundzwanziger Serie.
„Hallo!", sage ich.
„Seid ihr gesurft?", fragt Konrad.
„Ja!", antworte ich.
„Ging gut?", fragt mein Bruder.
„Ging gut!", sagt Philipp.

Ich höre kurz das Singen eines Reißverschlusses.
Dann gleitet der Blaumann
an meinem Bruder herab.
In Unterhose und unter den
interessierten Blicken des Mädchens
kommt er auf den Steg.
Mit einem Tritt kickt er das Seil ins Wasser,
schnappt sich das Brett und springt in den Fluss.
Unter Wasser noch bekommt er das Seil zu fassen
und klemmt sich das Brett unter die Füße.
Wieder an der Wasseroberfläche
ist er der perfekte Surfer.
Er steht auf dem Brett,
als hätte ihn der liebe Gott persönlich
dort hingestellt.
Aber das ist typisch für meinen Bruder.

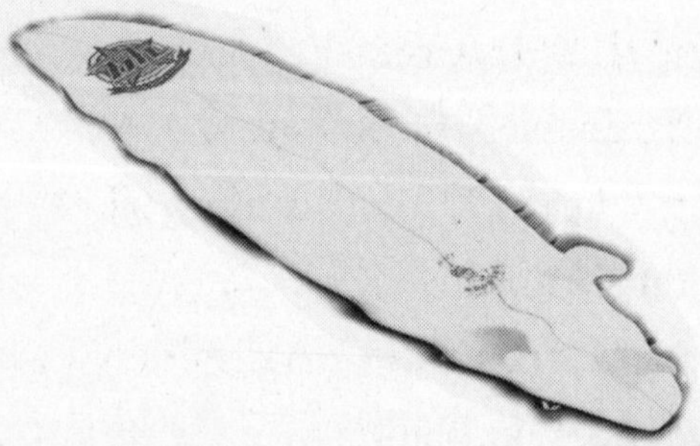

Auf Fortbewegungsmitteln,
wenn er mit Flieh- und Anziehungskräften
zu tun hat,
bleibt er immer Sieger.
Unter meinen bewundernden Blicken
vollführt er jetzt die schönsten Figuren.
Kurven, in einer Schräglage,
von der ich nur träumen kann.
„Wow“, ruft das Mädchen meinem Bruder zu.
„Sieht toll aus.“
Sie setzt sich auf den Steg mit Blick auf Kaspar
und mit dem Rücken zu mir.
Sie wendet für einen Augenblick ihren Kopf
und lächelt mich an.
„Dein Bruder ist ein verrückter Kerl!“,
schwärmt sie.
Jetzt erst erkenne ich sie.
Es ist Judith Steinberger.
Die große Schwester von Laura,
dem göttlichsten Wesen in meiner Klasse.
Ach, Laura!

Judith wendet ihren Blick von mir ab.
Aber nur für Sekunden.

Dann sieht sie mich wieder an.
„Du bist in der Klasse von meiner Schwester“,
sagt sie. „Der Laura. Oder?“
„Ja“, sage ich.
Dann schenkt Judith ihre Aufmerksamkeit
wieder meinem Bruder.
Kaspar gleitet eine Zeit lang mit aller Eleganz
über das Wasser.
Das Brett unter seinen Füßen
kämpft angriffslustig
mit dem unter ihm rauschenden Wasser.
Als er genug hat, lässt Kaspar das Seil los,
rutscht vom Brett
und lässt sich ans Ufer treiben.
Das Brett schwänzelt
mit unruhigen Bewegungen im Wasser.
Ein Stück dahinter das Rundholz.
„Jetzt du, Konrad!“, ruft mein Bruder.
„Kein Bock!“, antwortet ihm Konrad.
„Komm, fahren wir weiter!“

Mein Bruder kommt aus dem Wasser
und legt sich neben mich auf den Steg.
Er lässt sich von der Sonne trocknen.

Seine Hand landet auf Judiths Knie.
Ganz von allein,
als wäre es ihr angestammter Platz.
So einfach kann das mit Mädchen gehen,
denke ich,
wenn man cool ist.
Wenig später steigen sie ins Auto,
winken uns zu und verschwinden.
Eine Staubwolke,
die kurz über dem Kiesweg steht,
ist ein letztes Zeichen ihres Besuchs.

~

„Was für ein Leben!", schwärmt Philipp.
„Achtzehn sein. Den Führerschein haben
und ein Auto. Dann fliegen dir
die Mädchen zu. Das wär's!"
Ich nicke.
„Das war die Schwester von der Laura",
sage ich.
„Ich weiß", sagt Philipp.
„Laura, die Unnahbare."

Ich muss einen schmachtenden
Ausdruck im Gesicht haben,
denn Philipp sagt:
„Schlag dir die mal aus dem Kopf!
Die ist eine Nummer zu groß für dich.
Die hat doch nur Augen für die älteren Jungs."
Aber ich will mir Laura
nicht aus dem Kopf schlagen.
Laura ist wunderschön und sie ist nett.
Und sie ist eine der besten in der Klasse.
Ach Laura!
„Was macht'n dein Bruder jetzt eigentlich?",
fragt Philipp.

„Jobt ein wenig herum
und wartet auf seine Lehrstelle.
Automechaniker bei Mercedes.“
Wir schweigen eine Weile
und lauschen dem Wasser.
„Sonst fährt er nur herum, mit Konrad“,
sage ich dann.
„Macht mit seinem Diesel die Gegend unsicher.
So wie er das immer schon gemacht hat.
Früher mit den Mopeds.
Heute mit dem 240 D.
Irgendwer hat mal gesagt,
er und Konrad
wären die besten Autofahrer der Welt.
Und mit dem alten Diesel
würden sie jeden hinter sich lassen.“
„Mensch, lass uns doch mal mitfahren!“,
sagt Philipp mit Begeisterung in der Stimme.
„Wär doch mal was anderes!“
„Allerdings wär das mal was anderes.
Aber keine Chance.
Die lassen keinen mitfahren.“
„Außer ihren Mädels“, stellt Philipp fest.

„Ja."
„Warum werden die nicht Rennfahrer,
wenn sie so gut Auto fahren?"
„Sie interessieren sich nur für die alten Diesel.
Sonst für nichts.
Damit ist kein Rennen zu gewinnen."
„Verrückt!"
„Ja", sage ich und blicke
sehnsuchtsvoll in den Himmel.
„Ich wäre zu gerne mal dabei."

~

Am nächsten Tag werde ich in Geometrie
an die Tafel gerufen.
Diese Woche werden mündliche Noten gemacht.
Für mich immer eine Zeit der Blamagen.
Aber diesmal kommt es anders.
In der Welt der Kurven, Kreise, Geraden
und Dreiecke fühle ich mich irgendwie zu Hause.
Mir ist, als würde eine fremde Macht
mein Innerstes nach
altem, ureigenem Wissen durchforsten.

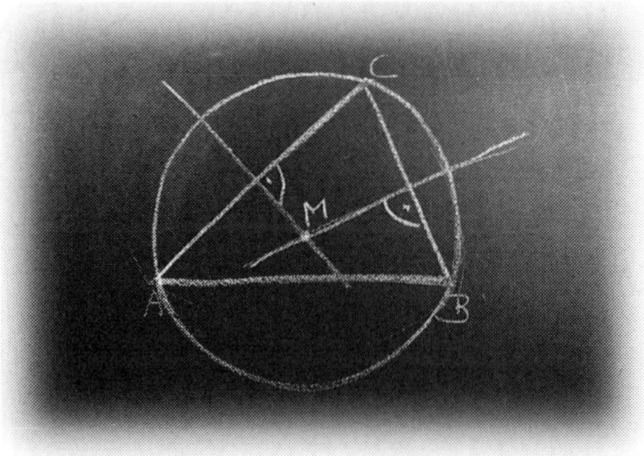

Dann sehe ich die Gesetze der Geometrie
klar vor Augen.
Ich gebe mir an der Tafel keine Blöße.
Weiß alles und darf mich mit einer Eins setzen.
Das erste Mal in meinem Leben.
Ich bin glücklich.
Als ich an meinen Platz gehe,
erhasche ich kurz den Blick von Laura.
Mir ist, als würde ich Bewunderung
und Anerkennung darin lesen.
Vielleicht ist das auch nur
meine Wunschvorstellung.

~

In der Pause kommt sie auf mich zu.
Philipp und ich stehen immer
unter der Kastanie.
Abseits. Als würden wir nicht
zu den anderen dazugehören.
Laura lächelt mich an.

„Also du, heute an der Tafel,
das war eine Glanzleistung!
Das hätte ich nicht gekonnt!“
„Na ja!“, sage ich.
„War doch nichts Besonderes.“

Laura steht vor mir.
Sie lächelt mich immer noch an.
Ihr Lächeln gilt mir ganz allein.
Weit und breit
kein älterer Junge in ihrem Blickfeld.
Nur ich.
Es ist als würde sie auf irgendwas
von mir warten, aber von mir kommt nichts.
Dabei ist das so ein Augenblick,
in dem man Weichen fürs Leben stellen kann.
Sich verabreden,
ein kurzes, tolles Gespräch führen.
Kontaktaufnahme mit göttlichen Wesen.
Aber nein. Stattdessen grinse ich vor mich hin,
ein- oder zweimal
auch in Philipps ratloses Gesicht.
Chance vertan.
Laura sagt „Tschüss"
und geht zu ihren Freundinnen.
Wo ist die Wand, gegen die ich
meinen Schädel donnern kann?

~

Am Nachmittag kommt Philipp zu mir
und wir überlegen, was wir anstellen könnten.
Nach einem kurzen Gespräch stellen wir fest,
dass es nichts, rein gar nichts zu tun gibt.
„Blödes Kaff!“, sagt Philipp.
„Blödes Kaff!“, sage ich.
„Jeden Tag das Gleiche.“
„Wir können doch nicht jeden Tag
zum Fluss-Surfen.
Ist doch auch langweilig.“
„Allerdings!“
Wir liegen auf dem Boden in meinem Zimmer
und starren zur Decke.

„Fährt dein Bruder wieder mit Konrad
und schönen Mädchen durch die Gegend?“
„Vermutlich“, sage ich.
„Der hat’s gut!“
„Allerdings!“
Unsere sehnsuchtsvollen Blicke
richten sich nach innen.

~

Ich stelle mir eine Autofahrt
mit meinem Bruder vor.
Ich stelle mir Kurven und Geraden vor.
Ich sitze mit Laura hinten
und Kaspar mit ihrer älteren Schwester vorne.
Eine Rechtskurve, die mein Bruder schnell fährt,
wirft mich zur Seite und drückt mich an Laura.
Die Fenster sind heruntergekurbelt.
Der Fahrtwind wirbelt mir ihre Haare
ins Gesicht.
Ich rieche ihr süßliches Parfüm …
Tja, ein Auto und die Welt meines Bruders
würde vieles einfacher machen.

Würde mich befreien
von der täglichen Langeweile.
Ein Auto wäre Freiheit pur.

Ein Auto würde Worte ersetzen,
die mir fehlen, jedes Mal wenn ich Laura treffe.
Mit einem Auto wäre Laura schon längst
meine Freundin.
„Gehen wir doch ins Schwimmbad", sage ich,
als ich aus meinem Tagtraum erwache.
„Ach, Schwimmbad", stöhnt Philipp.
„Du willst ja bloß die Laura im Bikini sehen."

~

Aber Laura ist nicht im Bikini.
Sie ist nicht einmal im Schwimmbad.
Beim Sprungturm,
wo sie sonst immer mit ihren Freundinnen liegt,
sehe ich sie nicht.
Ich gehe eine Runde durchs Schwimmbad
und kann sie nicht finden.
Eigentlich auch egal.
Ich hätte mich eh nicht richtig
in ihre Nähe getraut.
Philipp und ich legen uns auf die große Wiese
und starren in den Himmel.
„Wären wir doch bloß
zum Fluss-Surfen gegangen“, sagt Philipp.
„Wär vielleicht besser gewesen“, brumme ich.
Hinter dem Zaun vom Schwimmbad
beginnen die Felder.
Ein Feldweg führt nach Oderberg,
das ist der nächste Ort.
Ich höre ein Rumpeln,
fliegenden Kies an Radkappen.
Eine Staubwolke,
die wirbelnd vom Weg aufsteigt.

Vor der Wolke hetzt der Diesel meines Bruders
in einem Affentempo über den Weg.
„Das ist ein Leben!“, sagt Philipp
und sieht dem Auto hinterher.

~

Am nächsten Tag nach dem Mittagessen
helfe ich meiner Mutter beim Abräumen.
Mein Bruder bleibt am Tisch sitzen
und starrt stumm vor sich hin.
Meine Mutter und ich rennen
zwischen Esszimmer und Küche hin und her.
Schleppen Teller, Gläser und Schüsseln.

„Was machst du heute?“,
fragt meine Mutter Kaspar.
„Mit Konrad rumfahren“,
antwortet ihr mein Bruder
ohne vom Tischtuch aufzusehen.
„Könnt ihr denn nicht mal
was Sinnvolleres tun“,
sagt meine Mutter vorwurfsvoll.
„Immer nur rumfahren!
Das kann doch nicht alles sein.“
„Ist aber alles“, sagt mein Bruder.
„Wird Zeit, dass deine Lehre anfängt.“
„Ja, ja“, sagt mein Bruder und grinst mich an.
Dann verstummt er wieder.

Kaspar ist kein Mensch vieler Worte.
Aber als er vom Tisch aufsteht,
fragt er dann doch: „Was machst du heute?“
„Weiß noch nicht“, sage ich.
„Willst mitkommen? Bisschen rumfahren?!“
Ich reiße meine Augen auf
und starre meinen Bruder erstaunt an.
Habe ich da richtig gehört?

„Mitfahren?!“, frage ich ungläubig.
„Ja“, sagt mein Bruder. „Willst du?“
Mein Kiefer klappt nach unten.
„Ja aber … ja … aber …“, stottere ich.
„Ich denke … du sagtest immer …
ich darf nicht … weil …“

„Kommst du?“, fragt mein Bruder
und spielt ungeduldig mit dem Autoschlüssel.
„Klar!“, sage ich. „Jetzt gleich?“
„Logisch!“, antwortet Kaspar
und verschwindet nach draußen.
Mir ist klar,
dass ich ihn nicht warten lassen darf.
Ich hole mir die Erlaubnis von meiner Mutter.
Sie stöhnt zwar ein wenig
und verdreht die Augen, aber sie erlaubt es mir.
Ich laufe Kaspar zum Auto hinterher.
„Geh nach hinten“, sagt Kaspar
und weist mit dem Daumen auf die Rückbank.

„Hier vorne sitzt Konrad."
Ich steige zwischen den Vordersitzen hindurch nach hinten, während Kaspar bereits losfährt.
Ich merke, dass er den Fahrersitz aus der Verankerung genommen hat, um genügend Platz für seine Beine und Arme zu haben.
Das Lenkrad erreicht er mit seinen Händen problemlos, den Schalthebel nur noch mit den Fingerspitzen.
Hinten bei mir ist für die Beine kaum Platz.

Konrad wohnt im zweiten Stock
eines hässlichen Mietshauses,
von dem schon der Putz abblättert.
Konrad winkt aus einem Fenster
zu uns herunter.
Wir warten mit laufendem Motor,
bis er aus dem Haus kommt.
Er öffnet die Beifahrertür
und wirft sich auf den Sitz.
„Hallo, Leo“, grüßt er nach hinten
und klopft mir aufmunternd
auf den Oberschenkel.
„Heute mal dabei?“
Er sieht meinen Bruder an
und zeigt mir dabei sein Profil.
Mir fällt seine Nase auf.
Ungestüm zu einem Haken geschwungen
scheint sie nach dem Lenkrad zu angeln.
„Und?“, fragt er. „Wer fährt zuerst?“
Kaspar bringt den 240 D
langsam wieder ins Rollen und sagt:
„Ich fahr! Und zwar Hirschkuhgerade
und Krötenkombination.“

Hirschkuhgerade! Krötenkombination!
Was für geheimnisvoll klingende Namen
für die mehr oder weniger durchschnittlichen
Straßen unserer Gegend.
„In Ordnung“, sagt Konrad
und macht es sich bequem.
Legt die Füße lässig vorne auf die Ablage.
In mir steigt die Spannung.
Wenn Philipp wüsste, denke ich.
Langsam fahren wir aus dem Ort.
Erst als wir die letzten Häuser
hinter uns gelassen haben, gibt Kaspar Gas.
Die Hirschkuhgerade ist eine mir wohl vertraute
lange Waldschneise in westlicher Richtung.
Wir haben ein höllisches Tempo
und ich kann mein Glück kaum fassen.
Wenn ich aus dem Fenster sehe,
rasen die Bäume an mir vorbei.
Der Wind bläst durch die geöffneten Fenster
ins Auto, mir voll ins Gesicht.

Er glättet Kaspars langes Haar
auf der einen Seite
zu eng am Kopf liegende Strähnen.

Der ölige Geruch der Blaumänner
mischt sich mit den moosigen Düften,
die aus der schattigen Tiefe
des Waldes kommen.
Im Rückspiegel sehe ich
Kaspars zaghaftes Lippenspiel.
Es ist, als lenke er das Auto nicht nur,
sondern als schicke er es
mit wohlmeinenden Worten über die Straße,
als hauche mein Bruder dem 240 D Leben ein.
Konrad ist tief in seinen Sitz gesunken,
Knie angewinkelt, Füße auf der Ablage.

„Die Krötenkombination!“, ruft Konrad.
„Geil!“
Vor uns am Horizont taucht grell
das Ende des Waldes auf.
Danach kommt eine Folge
von drei langgezogenen Kurven.
Diese Kurven sind das Gefährlichste,
was es in unserer Gegend an Straßen gibt.
Kein Monat vergeht,
ohne dass jemand mit seinem Wagen
im Straßengraben landet
oder noch weiter in den Feldern.
Die Krötenkombination ist gut zu übersehen
und man könnte glauben,
die Kurven als Gerade bewältigen zu können,
wenn es keinen Gegenverkehr gibt.
Aber das ist nicht möglich
und viele verlieren durch plötzliches Lenken
die Herrschaft über ihre Autos.
Ich bin die Strecke mit meinem Vater

schon oft gefahren.
Schneller als 70 Stundenkilometer
sind wir nie gewesen.

Immer habe ich mir gewünscht
schneller zu sein.
Immer habe ich mir gewünscht die Strecke
einmal mit Kaspar zu fahren.
Die Mächte der Fliehkraft zu spüren,
der das Auto in den Kurven ausgesetzt ist.
Den 240 D schlingern zu spüren
und seine Reifen auf dem heißen Asphalt
quietschen und singen zu hören.
Konrad verliert nun seine Ruhe
und beginnt aufgeregt
auf dem Beifahrersitz herumzuhüpfen.
Er johlt und schreit mit gespielter Angst.
„Oh Mann, Kaspar, tu's nicht!

Wir sind noch so jung!
Mach um Gottes willen keinen Quatsch!"
Und schon donnern wir zur Hälfte
über den Feldrain.
Wir schlingern kurz zur anderen Straßenseite,
wo das Auto abrupt nach links abkippt
und stark zu holpern anfängt.
Ich purzle dabei hinten auf der Rückbank
von einer Seite zur anderen.
Halb liegend halb sitzend versuche ich
unsere Fahrt durch die Windschutzscheibe
zu verfolgen.

Ich sehe den Mercedesstern,
der wie ein Fadenkreuz
in kurzen Schwenks den Horizont absucht.

Ich habe Schwierigkeiten,
mich auf meinem Platz zu halten.
Aber ein wildes Kribbeln des Glücks
durchströmt meinen Körper.
Ich bin dabei! Endlich!
Mein Bruder am Steuer bleibt ruhig
und begnügt sich
mit ein paar lässigen Lenkbewegungen.
Als die Kurven hinter uns liegen
und wir wieder geradeaus fahren,

bemerke ich neben mir auf der Rückbank
ein paar Ähren, die im Wageninneren
ihren sommerlichen Duft verteilen.
„Wie schnell waren wir?“, frage ich. „120?“
„Logisch!“, sagt mein Bruder.
„Ja aber …“, sage ich und staune
voller Bewunderung für meinen Bruder.
„In der Zeitung hat aber mal gestanden,
dass das nicht möglich ist, dass man mit 110
unweigerlich aus der Kurve fliegt.“
„Stimmt ja auch“, sagt Kaspar.
Eine Weile geschieht nichts.
Kaspar hat die Geschwindigkeit
zurückgenommen.
Plötzlich dreht sich Konrad nach mir um.
Der Wind drückt ihm die Haare
von hinten ins Gesicht.
Ich sehe nichts weiter als seine Nase.
„Hast Schiss gehabt? Vorhin
bei der Krötenkombination?“, fragt er.
„Quatsch!“, sage ich.
„Gib’s zu!“
„Nein! Bestimmt nicht!“

Ich falle hinten beinahe aus dem Fenster.
Ohne Ankündigung hat Kaspar
das Lenkrad herumgerissen und den 240 D
auf die schmalen, kiesbedeckten Streifen
eines Feldweges gesteuert.
Mir ist, als wären wir dabei für Sekunden
auf nur zwei Rädern gefahren.
Nach wenigen Metern
wird der Weg zu einer schattigen Gasse,
die von Reihen zarter Bäume eines Jungwaldes
begrenzt wird.
Uns erwarten matschige Passagen,
die der Diesel murrend nimmt.

Lehmig klatscht das Spritzwasser
an die Windschutzscheibe.
Die Scheibenwischer haben Mühe,
die Sicht freizuhalten.
Es gurgelt und spritzt wie bei einem Motorboot.
Haarscharf schrammt der 240 D
an kleinen Tannen am Wegrand vorbei.
Schleudernd und lärmend, aber ohne auch nur
den kleinsten Flurschaden anzurichten,
durchkreuzen wir den Wald.
„Wow!“, schreit vorne Konrad
und hüpft auf seinem Sitz auf und ab.
Kaspar aber wirkt eher gelangweilt.
Er macht fast den Eindruck,
als absolviere er eine lästige Pflicht.
Nichts zu merken
von einem besessenen Autofahrer,
der seine Sucht befriedigt.

~

Wenig später halten wir
und Konrad setzt sich ans Steuer.

Er legt sich gleich mächtig ins Zeug.
Ich muss mich hinten festhalten,
um nicht auf der Rückbank
hin und her zu fliegen.
Konrad fährt eine ganz ähnliche Strecke
wie vorher Kaspar.
Mit der Schleuderschlange hat auch er
seine Kurvenkombination.
Für eine Strecke ohne Asphalt wählt er einfach
den nahe gelegenen Truppenübungsplatz.
Es kommt mir so vor,
als versuche sich Konrad
in ähnlichen Darbietungen wie Kaspar.
Ganz so, als lege er es
auf einen direkten Vergleich an.

Aber anders als mein Bruder zeigt Konrad
Freude und Begeisterung am Steuer.
„Uahhhh!“, schreit er mit gespielter Angst.
„Der Baum kommt auf uns zu!
Ich kann nicht mehr ausweichen!“
Kurz hält er sich die Hände vor die Augen.
Lässt das Lenkrad los.
„Nein! Hilfe! Ich kann die Karre
nicht mehr halten.
Sie gehorcht mir nicht mehr!
Da kommt eine scharfe Kurve! Hilfe!
Wir fliegen unweigerlich raus!“
Ich muss lachen und ich bin glücklich.
Es ist schöner, als ich es mir ausgemalt habe.
Wilder. Ich bin fern jeder Angst.
Ich weiß, Konrad und Kaspar
sind die besten Autofahrer der Welt.

~

Wenig später lässt Konrad den Wagen
auf dem Parkplatz vom Flusswirt ausrollen.
Wir setzen uns in den Biergarten.

Mein Bruder krempelt die Ärmel hoch.
Er rutscht eine Weile auf seinem Stuhl hin und her,
bis er in langsamen, gleich bleibenden Bewegungen
zu wippen beginnt. Er bleibt schweigsam,
richtet sein Gesicht nach der Sonne hin aus
und hält seine Augen geschlossen.
Der Wirt tritt aus der Tür
und kommt zu uns herüber.
Er schaukelt einen mächtigen Bauch
vor sich her.
Er kommt an unseren Tisch
und legt Konrad vertraulich eine Hand
auf die Schulter.
„Na, ihr Rennfahrer, was darf's sein?"
„Zwei Weißbier und eine Limo", sagt Konrad
und sucht in meinem Gesicht nach Zustimmung.
Ich nicke.
Limo ist in Ordnung.
„Habt ihr einen Lehrling bei euch?"
Der Wirt mustert mich mit freundlichen,
aber oberflächlichen Blicken.
Schließlich wendet er sich Kaspar zu.
„Und der Meister ist müde?"

Kaspar lässt ein zustimmendes
Grummeln hören,
ohne mit seinem Wippen aufzuhören.
„Also zwei Weißbier und eine Limo",
wiederholt der Wirt und zieht wieder davon.
Konrad stützt seinen Kopf auf die Hände.
Er schenkt mir über den Tisch hinweg
ein langes, maskenhaftes Grinsen.
Ich fühle mich nicht ganz wohl
in meiner Haut.

Ich sehe meinen dösenden Bruder an
und trommle verlegen mit den Fingern
auf die Tischplatte.
„Und?“, fragt Konrad schließlich
und sieht mich forschend an.
„Was ‚und‘?“, frage ich.
„Na, bei wem war’s schlimmer?“
Während ich meinen verständnislosen Blick
auf Konrad richte,
sehe ich aus den Augenwinkeln,
dass Kaspar mit dem Wippen aufgehört hat.
Ich spüre, wie er mich beobachtet.
„Was soll schlimm gewesen sein?“,
frage ich Konrad.
Der Wirt bringt das Bier
und Konrad lässt sich mit der Antwort Zeit.
Mit wohligen Lauten versenkt er erst einmal
seine große Nase in der Schaumkrone.
„Na, bei wem hast du mehr Angst gehabt
beim Fahren?
Bei deinem Bruder oder bei mir?“,
fragt er schließlich.
Ich verstehe nicht, wovon er spricht.

„Wieso Angst?“, frage ich.
„Ich hab’s gewusst!“,
stößt mein Bruder plötzlich hervor.
„Ich hab’s gewusst, dass es Scheiße ist.
Ich hab’s gewusst!“
„Was soll das eigentlich?“, frage ich.
„Soll das heißen,
dass du überhaupt keine Angst hattest?“,
fragt Konrad.
„Weder bei Kaspar, noch bei mir?“
Meine Blicke wechseln zwischen Kaspar und
Konrad.
Während mein Bruder mit ärgerlichen Schlucken
sein Bier leert, schüttelt Konrad
nur ungläubig seinen Kopf.
„Was hattet ihr vor?“, frage ich.
„Hätte ich mir vor Angst
in die Hosen scheißen sollen, oder was?“
„Ach, nichts!“, sagt Kaspar gequält. „Vergiss es!“
„Du solltest doch wissen,
dass ich bei dir keine Angst habe“,
wende ich mich ärgerlich an Kaspar.
„Schon damals mit den Mopeds.

Als ich hinten draufsaß, hatte ich nie Angst!
Und beim Auto ist es genauso: Wenn du fährst,
werde ich mich nie und nimmer fürchten!"
„Vergiss es!", sagt Kaspar.
„Und genauso wenig fürchte ich mich
bei Konrad!"
Mit einem Mal komme ich mir blöd vor.
Ich merke, dass ich nur
aus irgendeinem blöden Grund mitdurfte.
Konrad muss das gemerkt haben.

Er legt mir seine Hand tröstend auf die Schulter
und erzählt mir, warum ich dabei bin.
„Wir haben uns immer mehr gelangweilt
auf unseren Fahrten.
Irgendwas Neues musste her.
Und da hatten wir die Idee, dass wir uns messen.
Wir wollten wissen, wer von uns
besser und schneller fahren kann.
Und die Angst eines Mitfahrers
ist ein idealer Maßstab, dachten wir."
Ich lasse einen ärgerlichen Seufzer hören
und fühle mich missbraucht.
Wutschnaubend stehe ich auf,
gehe zum Fluss runter
und setze mich ins hohe Gras der Uferböschung.
Blödes Spiel! Blöder Kaspar!
Im Nu ist alle Freude verflogen.
Gekippt in einen grollenden Ärger,
der sich mir im Hals festsetzt.
Einmal mehr bin ich der kleine, doofe Bruder,
den man nicht für voll nimmt,
den man für blöde Zwecke benutzen kann.
Wie ich das hasse!

Ich bin fest entschlossen,
keinen Meter mehr mit den beiden mitzufahren.
Ich stütze meine Ellenbogen auf die Knie,
meinen Kopf in die Hände
und glotze vor mich hin.
Der Fluss vor mir führt wenig Wasser.
Gegenüber, auf der anderen Seite
zeigt das Flussbett seine weißen,
rund gewaschenen Steine.
Gierige, kleine Strudel treiben an mir vorbei.
Die Nachmittagssonne steht wärmend
über den Hügeln,
und auf dem Wasser tanzen glitzernde Reflexe.

Hinter mir höre ich es rascheln.
Gleich drauf lässt sich Konrad
neben mich ins Gras fallen.
Er steckt sich einen Halm zwischen die Lippen
und sieht geradeaus auf den Fluss.
„Beleidigt?“, fragt er.
„Mmhh!“, mache ich.
„Aber wieso?“
„Weil mein Bruder zu blöd ist,
mich einfach mal so mitzunehmen.
Weil es so einen blöden Grund geben muss,
dass ich dabei bin.
Außerdem hättet ihr mir ruhig sagen können,
was ihr vorhabt.“
„Kaspar traut sich eigentlich nicht,
dich mitzunehmen“, sagt Konrad,
„weil er Angst hat, dass was passieren könnte.
Und wenn du dabei im Auto wärst,
das würde er sich nie verzeihen.“
„So wild war’s nun auch wieder nicht,
 dass da viel hätte passieren können“, sage ich.
Langsam und bedeutungsvoll
wendet mir Konrad sein Gesicht zu.

„Das war doch gar nichts“, sagt er ruhig
und schließt mit einem Zeitlupenlidschlag
für einen kurzen Augenblick die Augen.
„Das war überhaupt nichts.
Kaspar traute sich nicht, wegen dir.“
„Passiert denn manchmal was?“, frage ich.
„Ach woher, das ist nur so ’ne fixe Idee
von deinem Bruder.“
Konrad stützt sich auf die Ellenbogen
und fixiert mit seinen Augen einen Punkt
am anderen Ufer des Flusses.
Ich merke, dass mir seine Anwesenheit gut tut.
Mein Groll gegen ihn und meinen Bruder
beginnt zu verschwinden.
„Was macht ihr eigentlich immer?“, frage ich.
„Fahrt ihr nur durch die Gegend,
so wie vorhin?“
„Ja!“, sagt Konrad. „Aber nicht so wie eben,
sondern richtig,
wir lassen regelrecht die Sau raus.“
Ich versuche mir vorzustellen,
in welchem Maße meine Erlebnisse von heute
nur eine zahme Variante dessen waren,

was tatsächlich mit dem 240 D
sonst so alles geschieht.
Ich versuche mir eine Steigerung vorzustellen,
komme in meinen Gedanken
aber nur auf einen Unfall.
„Und was machen wir jetzt?“, frage ich.
Über meine Schulter hinweg schiebt sich
eine ölige Faust in mein Blickfeld.
Der Daumen weist nach oben in den Himmel.
Ich werfe meinen Kopf in den Nacken
und sehe Kaspar, der hinter mir im Gras hockt.
In seinen blauen Augen spiegelt sich funkelnd
das Wasser des Flusses.
„Wir nehmen einen Tramper mit“, sagt er.

„Und du Bruderherz musst beurteilen,
bei wem er mehr Schiss hat!“
Ich wende meinen Blick wieder auf den Fluss.
Ich weiß nicht, was ich von der Idee halten soll.
Einen Nichtsahnenden
zu solch einem wilden Ritt einzuladen,
erscheint mir gewagt.
Mit einer Mischung aus Zurückhaltung,
aber auch geheimer Vorfreude
steige ich wieder zu den beiden ins Auto.

~

Kurz darauf durchstreifen wir
im 240 D die Landschaft.
Jetzt fährt wieder Kaspar.
Während er das Auto schonend
und mit weit aus besserer Laune als zuvor
durch die Kurven dirigiert,
spähen Konrad und ich nach Anhaltern.
Wir weichen auf die größeren Straßen aus.
Am Ende eines Dorfes
sehen wir ihn schließlich stehen.

Wild deutend mache ich meinen Bruder
auf ihn aufmerksam.
„Da! Der!“, rufe ich.
Wir fahren vorbei und kommen
etwa zehn Meter hinter ihm
am Straßenrand zum Stehen.
Wir drehen uns gleichzeitig nach ihm um
und sehen ihn mit großen Schritten
auf uns zurennen.
Er hat uns noch nicht erreicht,
da hüllt ihn unversehens
eine dichte Staubwolke ein.
Gleichzeitig spüre ich unter mir
das Rumoren des durchdrehenden Rades
auf dem Kies des Straßenrandes.
Kaspar hat wieder Gas gegeben.
„Was machst du?“, rufe ich und bleibe
mit meinem verwunderten Blick
am Innenspiegel hängen.
„Wieso nehmen wir ihn nicht mit?“
Kaspar winkt ab.
„Der war nichts für uns. Schlechter Typ.“
„Wie sieht denn der Richtige aus?“

„Es muss ein zarter,
etwas verängstigter Mensch sein“,
sagt Konrad. „Nicht älter als sechzehn.
Und er muss diesen braven Gesichtsausdruck
eines strebsamen Gymnasiasten haben.“
„Genau! Ein Streber, Klugscheißer
und Schisser!“, meint Kaspar.
Richtig! Der Hass meines Bruders
auf die Gymnasiasten.
Hass ist vielleicht das falsche Wort,
eher Verachtung.
Ich weiß nicht, woher das kommt.
Er war selbst einmal
ein viel versprechender Gymnasiast,
bis er beschlossen hat, die Schule zu schmeißen.

Sich nur noch um Autos zu kümmern.
Vielleicht bereut er das ja insgeheim,
und deswegen sein Unbehagen,
wenn er auf Gymnasiasten trifft.
Mich lässt er das allerdings nicht spüren.

~

Wir finden einen Anhalter.
Es ist schon spät geworden.
Die Landschaft liegt bereits
im klecksigen Licht
der untergehenden Sonne.

Aber an der Ausbuchtung einer Bushaltestelle,
da wartet er auf uns.
Er streckt schüchtern seine rechte Hand
auf die Fahrbahn.
Wir halten und müssen lachen.
Seine Ähnlichkeit mit Konrads Beschreibung
ist verblüffend.

Aber mein Lachen bleibt mir im Halse stecken.
Einem verängstigt wirkenden Menschen
Angst einzujagen ist kein Kunststück.

Im Geheimen beginne ich jetzt schon,
mich um sein Heil zu sorgen.
Er beugt sich runter
und sieht durch das geöffnete Fenster.
„Fahrt ihr nach Traunstein?“, fragt er
und schenkt mir einen unsicheren Blick.
„Logisch!“, tönt vorne Kaspar.
Der Anhalter öffnet die Wagentür
und zwängt sich zu mir nach hinten.
Kurz darauf bringt mein Bruder
den 240 D wieder langsam ins Rollen.
Eine temporeiche und abenteuerliche Fahrt
lässt wegen einer ersten Steigung
noch auf sich warten.
Murrend quält sich der 240 D den Berg hoch.
Oben angekommen lässt das Auto bald
ein munteres Schnurren hören.
Mit wachsender Geschwindigkeit setzt es sich
in immer höheren Tonlagen fort.
Die Fliehkraft macht sich in den nächsten Kurven
bald schon bemerkbar.
Ich fühle mich gleich wohler.
Kurven und Geraden! Meine Welt!

Noch eine Kurve,
dann beginnt eine lange, abschüssige Gerade.
Die Schweine-Avus! Der Anfang der Vorstellung.
„Jetzt fällt es mir ein", sagt Kaspar unvermittelt.
„Was?", fragt Konrad, der seinen rechten Fuß
wieder lässig aufs Handschuhfach stützt.
„Die Dinger, die bei dir zu Hause
auf dem Tisch liegen, erinnerst du dich?"
„Nein", sagt Konrad.
„Na, diese Dinger, von denen wir nicht wussten,
wo sie hingehörten."
„Ach die! Was soll das gewesen sein?"
„Bremsbeläge!"
„Bremsbeläge?"
„Ja!"
„Haben wir die nicht wieder eingebaut?!"
„Nein. Es tut sich nichts,
wenn ich auf die Bremse trete."
Und Kaspar bewegt vielsagend sein rechtes Bein.
Wir werden immer schneller.
Der 240 D stürmt heulend den Berg hinunter.
Ich sehe, dass der Hals des Anhalters
immer länger wird.

Seine Blicke wechseln nervös
zwischen der Straße vor uns
und dem Tachometer.
„Sind wir nicht ein bisschen schnell?“,
fragt er zurückhaltend
und verkrampft seine Hände
in Kaspars Rückenlehne.
„Eigentlich schon“, sagt Kaspar nach hinten.
„Aber im Moment ist da nicht viel zu machen,
verstehst du. Ich weiß nicht,
ob du es gehört hast:
Zu Konrad hab ich gerade gesagt,
dass wir keine Bremsen haben.“
Das Gesicht des Anhalters
wendet sich mir ruckartig zu.
Es ist eine groteske Maske des Fragens
und der Angst.
Ein Schrecken durchfährt mich.
Sorge und Mitgefühl für den Anhalter
überfallen mich schlagartig.
Wie muss er sich fühlen!
Er hat ja keine Ahnung,
worauf er sich eingelassen hat.

„Hey …!“, rufe ich nach vorne und will damit irgendwelche vermittelnden Worte einleiten, die mir aber nicht einfallen.
Das Quietschen der Reifen ist ohnehin lauter.
Das Schleudern des Wagens
wirft mich auf den Anhalter.
Ich höre Konrads schallendes Gelächter,
wie es in das singende Kichern
meines Bruders einfällt.
„Ihr seid verrückt!“, ruft der Anhalter
und klammert sich mit beiden Händen
an den Griff über der Tür.

Dem Kichern lässt Kaspar
verhaltene Jubelrufe folgen.
Und als die nächste Kurve hinter uns liegt,
wischt er sich demonstrativ
mit dem Handrücken über die Stirn.
„Geschafft!“, stöhnt er.
„Wahnsinn!“, atmet Konrad erleichtert aus.
Es folgt eine kurze Phase der Erholung.
Der Anhalter lehnt sich in seinem Sitz zurück.
Ich sage jetzt nichts,
obwohl mir der Sinn
nach einer Beschwerde steht.
Aber ich beobachte nur den Anhalter.
„War ja wohl nur ’n Witz,
das mit den Bremsen“, sagt er zurückhaltend
und lacht gezwungen.
Mir macht das keinen Spaß mehr und ich
fühle mich nicht mehr wohl in meiner Haut.
Aber ich bin unentschlossen.
Mir tut der Anhalter Leid,
gleichzeitig will ich aber kein Spielverderber sein.
Wenig später rutscht der 240 D
schon wieder halb von der Straße.

Wir hören den Schotter des Straßenrandes
lärmend gegen die Radkästen fliegen.
Mein Bruder mimt jetzt den Betrunkenen,
fischt sich aus dem Handschuhfach
einen Flachmann und befördert ihn
mit wildem Schwung an die Lippen.
Plötzlich verlässt das Auto die Straße.
Es holpert ein Stück über die Wiese.
„Hört doch bitte auf!“,
fleht neben mir der Anhalter.
Konrad dreht sich nach ihm um
und sieht ihn mitfühlend an.

„Mein Freund hier ist betrunken“,
sagt er über Kaspar.
„Wäre es dir vielleicht lieber, wenn ich fahre?“
„Prima Idee!“, ruft der Anhalter.
Kaspar tritt in die Pedale und der 240 D
kommt mit einer Vollbremsung zum Stehen.
Ich ahne nichts Gutes
und habe Recht mit meiner Ahnung.

Als Konrad losfährt, werden wir hupend
von einem Wagen überholt.
Konrad versteht das als Provokation.
„Dich Sau hol ich mir!“, schimpft er
und heftet sich ihm gleich an die Fersen.
„Na warte! Vor der Kurve überhol ich dich!

Du entkommst mir nicht!“
Mit durchgedrücktem rechten Bein
nötigt Konrad dem Diesel
die letzte Kraftreserve ab.
 Und er schafft es, kurz vor der Kurve
holen wir ihn ein.
Es ist eine Rechtskurve,

die nach ihrem Scheitelpunkt
nicht mehr einzusehen ist.
Dahinter geht es bergab. Das wird dem 240 D
wieder zu hohen Geschwindigkeiten verhelfen.
„Jetzt bist du fällig!“, johlt Konrad vorne
und setzt in einem Moment zum Überholen an,
in dem man es als Fahrgast
am wenigsten gebrauchen kann.
„Nein!“, ruft der Anhalter aschfahl im Gesicht.
„Hör auf!“, ruf ich nach vorne.
„Es reicht doch jetzt!“
Aber ich habe den Eindruck,
als richte ich meine Worte an mich selbst.
Viel zu verhalten,
um das Reifenquietschen zu übertönen.
Konrad bleibt unentschlossen.
Er schert immer wieder knapp hinter dem
vor uns fahrenden Wagen ein,
nachdem er sich mit den ersten Zentimetern
des 240 D schon vorbeigeschoben hat.
Die Reifen heulen auf dem Asphalt.
Konrad vollführt einen aggressiven Tanz
am Heck des anderen.

Schießt auf die Gegenfahrbahn
und wieder zurück.
Lässt aber keinen Zweifel daran,
dass er ihn noch in der Kurve packen will.

„Scheiße!“, brüllt es neben mir.
„Ihr seid Verrückte!“
Mein Bruder begleitet das Singen der Reifen
mit dem Singsang seines Kicherns.
Der Anhalter wirft mir wieder
einen angsterfüllten Blick zu.
Er krallt sich an Konrads Rückenlehne fest.
Er klammert sich regelrecht daran.

Die Fliehkraft in der Kurve wird so groß,
dass die Reifen schon nicht mehr haften wollen.
Konrad lenkt den 240 D
den Kräften folgend auf einen Feldweg.
Polternd und schlingernd wechseln wir
von Teer auf Schotter.
Allmählich werden wir langsamer.
Der Anhalter sagt jetzt nichts mehr,
lässt gewähren und ist seltsam erstarrt.
„War's das?“, frage ich genervt
und sehe vorne aus dem Fenster.
Es hat zu dämmern angefangen.
Konrad hat die Scheinwerfer eingeschaltet,
die die nächsten Meter des Weges vor uns
aus dem diffusen Licht lösen.
Die Luft, die ins Wageninnere wirbelt,
wird kühler. Schmeckt zart nach Nebel
und lässt mich frösteln.
Wir fahren jetzt nicht mehr schnell.
Für mich ist der Spaß vorbei.
Wir sind in der Nähe von Traunstein
und ich warte nur noch auf das Ende der Fahrt.
„Kaspar“, sagt Konrad jetzt,

„soll ich dir zeigen,
wie viel Speed man mit dem 240 D
auf dem Feldweg machen kann?“
„Nein!“, schreit plötzlich der Anhalter hysterisch
und mit einer Heftigkeit,
die mich zu Tode erschreckt.
„Mach das nicht! Das interessiert keine Sau.
Hörst du?!“
„Aber, aber!“, sagt Konrad gelassen, gibt Gas
und beginnt mit ein paar Lenkmanövern.

„Auf so einem Feldweg
kann doch nichts passieren!“
„Jetzt hört doch auf!“, rutscht es mir heraus.
„Ist nicht mehr witzig!“

Zum ersten Mal
bleibt mein Protest nicht ungehört.
Konrad schenkt mir im Rückspiegel
einen kurzen Blick.
Aber er ignoriert meine Äußerung.
Der Anhalter neben mir
ändert irgendwie sein Verhalten.
Genau kann ich nicht erklären,
was mit ihm passiert.
Aber ich entdecke an ihm eine Entschlossenheit,
die er bisher nicht gehabt hat.
In seinem Gesicht lese ich nicht mehr nur Angst,
sondern echte Panik. Blankes Entsetzen.
Mir wird es mulmig neben ihm.
Ich will noch was sagen,
aber er kommt mir zuvor.
Er reißt die Augen weit auf.
„Ihr hört jetzt mit dieser Scheiße auf!
Ist das klar!?“, schreit er wie von Sinnen.
„Und ihr haltet sofort an.
Lasst mich hier aussteigen.
Den Rest geh ich zu Fuß!“
„Aber hör mal“, wendet Kaspar ein.

„Wir können dich doch nicht
mitten in der Wildnis aus dem Auto lassen."
Jetzt beginnt der Anhalter
richtig durchzudrehen.
Er rüttelt so fest an der Rückenlehne,
dass Konrad auf dem Sitz hin und her fliegt.
„Ich will hier raus! Hört ihr!?", brüllt er.
„Ich will hier raus!! Raus!!
Raus!! Stehen bleiben!"
Ich bekomme es mit der Angst.
Jetzt scheinen es auch Konrad und Kaspar
gemerkt zu haben,
dass es dem Anhalter ernst ist.
Dass er mit ihnen nicht mehr fahren will.
Dass er aus dem Auto will.
„Jetzt haltet doch an!",
sage ich eindringlich nach vorne.
„Merkt ihr denn nicht, was mit ihm los ist?"
Konrad verlangsamt das Tempo.
Aber es ist zu spät.

Plötzlich ist der Platz neben mir leer.
„Er ist aus dem Auto gesprungen!", schreie ich
und sehe nach hinten raus.

Der Anhalter rollt im hohen Gras
neben dem Feldweg.
„Scheiße!“, höre ich vorne Kaspar.
Mit blockierenden Rädern
kommt das Auto zum Stehen.
Im Nu sind wir drei aus dem Wagen.
Der Anhalter liegt Sekunden reglos im Gras.
Wir rennen zu ihm zurück.
Als wir ihn erreichen,
rappelt er sich gerade hoch.
Er hält sich den Arm
und schenkt uns einen verächtlichen Blick.
„Idioten!“, zischt er
und macht sich auf den Weg.
Er geht einen Trampelpfad über die Wiese,
hinter der ihn die ersten Häuser
von Traunstein erwarten.
Er wirkt wieder gefasst
und scheint nichts abgekriegt zu haben.
Er hält seinen Arm nicht mehr.
Konrad eilt ihm hinterher.
„Warte doch mal!
Du kannst doch nicht einfach so abhauen!“,

ruft er. „Wieso springst du denn
aus dem Auto?
Was glaubst du denn,
was hätte passieren können!?"
„Lasst mich in Ruhe!"
Mein Bruder und ich folgen dem Anhalter
und Konrad mit schnellen Schritten.
„Hast du dir wehgetan?", rufe ich.
„Lasst mich in Ruhe!"
Konrad holt ihn ein und packt ihn
an der Schulter.
Der Anhalter dreht sich um.
Seine Augen funkeln vor Zorn.
„Wir können doch darüber reden!",

„Das war alles ein Versehen!“
„Versehen!?“, schreit der Anhalter.
„Wir … wir …“, stottert Konrad
und sucht nach Erklärungen.
„Wir … wir wollten dir eigentlich nur zeigen,
dass es gefährlich ist zu trampen.“
Kaspar und ich erreichen die beiden.
„Ja“, sagt jetzt mein Bruder. „Genau!
Wir wollten dir zeigen, was alles passieren kann,
wenn du an den Falschen gerätst.“
„Redet doch nicht so einen Blödsinn!“, sage ich
zu Konrad und meinem Bruder ärgerlich.
„Ihr habt ihn ja wohl schon genug verarscht!“
Dann wende ich mich an den Anhalter.
„Das war doch nur ein total blödes
Kleinjungenspiel …“, versuche ich zu erklären.
Mehr fällt mir aber auch nicht ein.
Die Blicke des Anhalters wechseln
zwischen Konrad, Kaspar und mir.
„Wenn ich an den Falschen gerate?!“,
brüllt er wie von Sinnen. „Noch falscher!
Ja, wie falsch kann denn
ein Autofahrer noch sein.

Ihr seid Irre! Gemeingefährlich. Haut ab!
Lasst mich in Ruhe!“
„Jetzt hör doch mal“, sagt Konrad
und hält ihn immer noch an der Schulter.
„Fass mich nicht an!“, brüllt der Anhalter
und schlägt Konrads Hand von seiner Schulter.
„Ihr Wahnsinnigen! Wenn ihr mich nicht
augenblicklich in Ruhe lasst,
zeige ich euch an! Verpisst euch!“
Konrad lässt von ihm ab.
Der Anhalter geht den Pfad weiter.
Es ist vorbei.
Es gibt nichts mehr zu vermitteln,
nichts zu erklären.
Ich fühle mich nicht wohl in meiner Haut.
Was geschehen ist, hätte ich verhindern sollen.
Ich fühle mich mit schuldig.
Dass der Ausflug so endet, finde ich schrecklich.
Aber es hätte noch schlimmer kommen können.
Kaspar und Konrad schenken sich
ratlose Blicke.
Mit einem Schlag hat der Anhalter
ihr Spielchen beendet.

Wir schlendern langsam zurück zum Auto,
das mit geöffneten Türen auf uns wartet,
wie ein Diener, der einen Mantel bereithält.

Konrad bleibt plötzlich stehen und sagt zu mir:
„Wenn ich es richtig verstehe,
ist aus dem Auto zu springen
ein besonderes Zeichen der Angst.
Ist es nicht so?
Eigentlich habe ich gewonnen.
Oder nicht, Leo?"
„Lasst mich doch in Ruhe!", sage ich verärgert.

„Ihr glaubt doch nicht im Ernst,
dass ich bei eurem blöden Spiel
jetzt noch mitmache!“
Ich habe gute Lust,
ihnen eine ganze Latte an Vorwürfen
an den Kopf zu werfen. Aber es reicht mir,
ihre betretenen Gesicher zu sehen.
„Was hast du denn?“, fragt mich Konrad
und sieht Kaspar achselzuckend an.
Wir steigen in den 240 D.
Die Heimfahrt über schweigen wir.
Ich habe ein komisches Gefühl
in der Magengegend.
Die Welt meines Bruders
hat an Zauber verloren.
Seine Kurven und Geraden haben mir
einen gehörigen Schrecken versetzt.

Am nächsten Tag stehe ich in der Pause
mit Philipp unter der Kastanie.
Ich fühle mich ganz gut.

Der Schrecken des vergangenen Tages
ist noch nicht ganz verflogen.
Aber die Erinnerung beginnt
die Ereignisse zu verklären.
Was bleibt ist ein unvergleichliches Erlebnis,
das mich schockiert hat,
das ich aber auch nicht missen möchte.
Und ich ertappe mich dabei,
wie ich Philipp davon vorschwärme.

Er hängt mir an den Lippen
und schüttelt ungläubig den Kopf.
„Ist nicht wahr!“, sagt er immer wieder.
„Wenn ich’s dir sage!“,
muss ich wieder und wieder bekräftigen.
„Es war der reinste Wahnsinn!“

~

Plötzlich steht Laura neben mir.
Sie schenkt mir ein Lächeln,
das direkt in mein Herz zielt.
Sie wippt auf ihren Zehenspitzen
und funkelt mich mit ihren großen Augen an.
„Hallo Leo!“, sagt sie.
„Ha … Hallo … Laura!“, antworte ich.
„Ich hab mal ’ne Frage“, sagt sie.
„In Geometrie …“
Sie schüttelt ihren Kopf und verdreht die Augen.
„… ich hab noch keine mündliche Note.
Und wahrscheinlich muss ich
demnächst an die Tafel.
Aber ich hab da irgendwie

meine Schwierigkeiten
mit diesen Kreisen und Dreiecken.
Für dich war das ja überhaupt kein Problem,
neulich an der Tafel.
Könntest du mir vielleicht mal
das eine oder andere erklären?“
Ich staune
und mir fehlen erst einmal die Worte.
„Ich bin heute Nachmittag im Schwimmbad“,
sagt Laura.

„Ich liege immer in der Nähe vom Sprungturm.
Ich nehm mein Mathebuch mit …“
„Ich schau bei dir vorbei“, sage ich jetzt schnell
und mit einer Zielstrebigkeit,
die mich selbst überrascht.
„Prima“, sagt Laura.
„Dann gibst du mir Nachhilfe.“
Sie verschwindet,
schenkt mir noch ein flüchtiges Lächeln
und geht zu ihren Freundinnen zurück.
Eigentlich wollte ich mich am Nachmittag
mit Philipp zum gemeinsamen Langweilen
verabreden.
Aber jetzt hat der Himmel auf Erden
für mich seine Pforten geöffnet.
Philipp sieht mich mit großen Augen an.
„Tut mir Leid“, sage ich.
„Aber heute Nachmittag werde ich nicht können.
Ich habe eine Verabredung.“
Tja, meine Welt der Kreise,
Kurven und Geraden …

~

Lies mich ...

Inge Meyer-Dietrich

Und das nennt ihr Mut

Andis Hände stecken tief
in seinen Jackentaschen.
Der Himmel hängt bis auf die Dächer runter.
Er ist grau von Schneewolken.
Nasse Flocken quellen daraus hervor.
Immer wieder landen einige davon
auf Andis Gesicht.
Er wird im Gedränge der Fußgängerzone
hin und her geschoben.
Aus den Geschäften kommt Weihnachtsmusik.
Oh du fröhliche.
Klingglöckchen.
Stille Nacht.

Gegenüber dem Kaufhaus
spielen junge Leute auf Instrumenten,
die Andi nicht kennt.
Hört sich gut an.
Nicht so bescheuert wie die Weihnachtslieder.
Niemand bleibt bei den Musikern stehen.
Nur wenige Münzen
liegen in dem Hut am Boden.
Die Leute hier in der Fußgängerzone,
die sehen und hören nichts.
Die kaufen nur wie verrückt.
Ihm soll es recht sein.
Je voller das Kaufhaus ist, umso besser.

~

Andi merkt jetzt erst,
dass er schon vor dem Haupteingang steht.
Er lässt sich mit der Menge
in das Kaufhaus hineinschieben.
„Pass doch auf, verdammt!"
Die Frau, die so schreit, ist beladen mit Tüten.
Andi kann den kleinen Jungen
gerade noch auffangen.

„Heul bloß nicht!“,
schimpft die Frau mit dem Kind.
„Auf der Rolltreppe musst du aufpassen!
Ich kann dich nicht festhalten.
Ich hab beide Hände voll!“
„Er ist doch noch klein“, sagt Andi.
„Klein. Der ist drei.
Hat ja wohl Augen im Kopf!“
Und schon verschwindet die Frau
mit dem Jungen im Gewühl.
Drei. Bennie ist auch drei.
Aber Andi will jetzt nicht
an seinen kleinen Bruder denken.
Der wird nie so angeschrien. Der nicht.

~

Im dritten Stock kennt Andi sich am besten aus.
Hier gibt es Computer und Stereoanlagen,
Fernseher, CD-Player und Walkmen.
Bei den Gameboys und den Videospielen
hängen wieder jede Menge Kinder rum.
Die beiden Verkäuferinnen
sehen total genervt aus.

Heute verkauft hier außerdem ein junger Mann,
den Andi noch nie gesehen hat.
Aushilfe, das merkt man.
Null Ahnung hat der, muss dauernd fragen.
Gerade nimmt er zwei teurere Walkmen
aus einem Glasschrank.
Eine junge Frau schaut sich
die Geräte gründlich an,
schließlich geht sie aber
mit einem von den billigeren zur Kasse.
Der Aushilfsmensch ist beschäftigt.
Die verschmähten Walkmen
stehen vergessen neben dem Glasschrank.
Andi schwitzt.
Gleich, denkt er, gleich.
Noch einmal. Nur noch heute.
Dann hab ich's geschafft.
Sie haben es mir wohl nicht zugetraut.
Mike schon gar nicht.
Als ob ich das nicht gemerkt hätte!
Andi zieht den Reißverschluss seiner Lederjacke
ein bisschen nach unten.
Gut, dass die Jacke weit genug ist.

Er versucht,
sich näher an die Walkmen heranzuschieben.
Wenn er nur nicht so unruhig wäre!
Ich brauch doch keine Angst zu haben,
redet er sich ein.
Bis jetzt hat es immer geklappt.
Warum soll es heute schief gehen?
Er guckt sich
verschiedene Kassettenrekorder an.
Dreht die Preisschilder rum.
Kein Mensch achtet auf ihn.
Und schon hat er einen Walkman
unter seiner Jacke.
Nein, jetzt bloß nicht wegrennen.
Cool bleiben. Nicht auffallen.
Sein Herz soll nicht so laut klopfen. Verdammt!
Er muss sich zwingen, langsam zu gehen.
Das muss er jedes Mal hinterher.

~

Andi sieht sich
in einem großen Kaufhausspiegel.
Sieht so ein Dieb aus?

Quatsch! Ich bin kein Dieb.
Normalerweise jedenfalls nicht.
Ich gehör zu Mike. Zu seiner Gang.
Früher hieß das Bande.
In Amerika sagen sie Gang.
Mike steht auf Amerika.
Mike hat auch den Namen
für die Gang ausgesucht.
Sharks nennen sie sich.
Klingt doch viel besser als Haie,
hat Mike gemeint.
Ich hab drei Walkmen
in einer Woche versprechen müssen.
Heute ist Freitag.
Montag hab ich den ersten gebracht.
Jetzt kannst du nicht mehr
über mich lästern, Mike!

~

Die Rolltreppe bringt Andi ein Stockwerk tiefer.
Niemand scheint ihm zu folgen.
Er kann den Walkman unter seiner Jacke
gut mit einer Hand festhalten.

Mit der rechten,
die tief in seiner Jackentasche steckt.
Ewig dauert das,
bis man sich so wieder aus dem Kaufhaus
rausgeschoben hat.
Er kommt in die Schreibwarenabteilung.
Auch hier ist es rammelvoll.
Die Leute suchen Weihnachtskarten aus
und Geschenkpapier.
„He, hier geblieben! Das gibt's doch nicht!"
Andi ist eingekeilt.
Er kann weder vor noch zurück.
Neben ihm wird ein alter Mann
von einem Pärchen festgehalten.
Der Alte versucht sich loszureißen.
„Von wegen abhauen!", schreit die Frau.
Der Mann neben ihr
hat den Alten am Arm gepackt.
Es ist so spannend wie im Fernsehen.
Die Leute vergessen sogar
ihre Weihnachtskarten
und das dämliche Geschenkpapier.
Alle glotzen.

Starren auf den alten Mann,
der irgendetwas in der Hand hält.
„Ich hab's genau gesehen“,
sagt die Frau.
„Alleskleber, 'ne große Flasche.
Hat er da drüben geklaut.“
Und der Typ, der wohl zu ihr gehört,
hält immer noch
den Arm von dem Alten umklammert.
Er sagt aber nichts,
hat die Lippen zusammengepresst.
Wütend sieht er aus.
Vielleicht ist es ihm peinlich,
dass alle Leute stehen bleiben und glotzen.
Und der alte Mann sieht aus,
als würde er gleich anfangen zu weinen.
Inzwischen ist einer im grauen Anzug
gekommen.
Er schiebt die Leute, die ihm im Weg sind,
einfach beiseite.
Der muss das schon öfter gemacht haben,
das merkt man.
Der ist bestimmt Hausdetektiv.

Andi schwitzt wie im Sommer
in Italien am Strand.
„Kommen Sie bitte mit!“,
sagt der im grauen Anzug.
Es klingt wie ein Befehl.
Andi weiß nicht,
ob nur der alte Mann gemeint ist
oder auch die beiden,
die ihn immer noch festhalten.
Andi hält den Walkman
unter seiner Jacke genauso fest.
„Sie wissen,
dass wir jeden Diebstahl anzeigen“,
sagt der im grauen Anzug laut.
Der alte Mann duckt sich,
als wenn ihn jemand schlagen wollte.
Das gibt’s doch nicht, denkt Andi.
Die können den doch nicht so fertig machen!
Er sieht,
wie sie den Alten in den Aufzug schieben,
die Frau, der Mann und der im grauen Anzug.
Ziemlich grob.
Und er sieht noch einmal,

wie der alte Mann guckt,
bevor die Aufzugtüren zugehen.
Scheiße!
Um Andi herum reden die Leute.
Regen sich fürchterlich auf.
„Eine Schande. In dem Alter.
Muss man sich ja über die Jugend
nicht wundern!"
„Sogar die Kinder klauen heutzutage schon
wie die Raben.
Und nicht nur in Nachbars Garten
wie wir früher ..."
Andi hält den Walkman so fest,
dass ihm die Hand weh tut.
Bloß raus hier, ganz schnell!

~

Auszug aus dem Ravensburger
Taschenbuch 52237
„Und das nennt ihr Mut"
von Inge Meyer-Dietrich.

5,10